이회영,
전 재산을 바쳐 독립군을 키우다

이지수 글 | 원유미 그림

보물창고

■ 글쓴이의 말

독립과 자유를 꿈꾼 숨은 영웅

잠깐 타임머신을 타고 100년 전으로 돌아가 볼까요? 1910년대 우리나라는 암흑과 같은 시간이 이어지고 있었어요. 제국주의를 내세우는 일본에 국권을 빼앗겨 자유를 잃어버리고 말았거든요. 여러분이 그 시대에 살았다면 총칼을 든 일본에 맞서 독립을 외치고 전 재산을 쏟아 독립운동을 이어 갈 수 있나요? 아마도 쉬운 일이 아닐 거예요. 이 책에서 소개할 우당 이회영은 바로 그런 사람이었어요.

우리나라를 일본에 빼앗겼을 때, 많은 부자와 양반들은 자기 것을 지키려 일본의 편에 섰어요. 하지만 이회영과 그의 형제들은 한양에서 제일가는 양반 가문임에도 불구하고 전 재산을 팔아 독립운동에 힘썼지요. 일본에 맞서

싸우느라 50명이 넘었던 가족 대부분이 목숨을 잃었고요.

　당시 독립을 위해 싸운 수많은 사람들이 있었어요. 이토 히로부미를 저격한 안중근 의사, 도시락 폭탄으로 유명한 윤봉길, 대한민국 임시 정부를 이끈 백범 김구, 용감하게 3.1 운동을 주도한 유관순……. 이처럼 우리에게 익숙한 독립운동가들도 있지만 사실 우리나라의 독립을 위해 싸운 숨은 영웅들은 훨씬 더 많답니다. 우당 이회영처럼요. 그는 그토록 바라던 독립을 보지 못하고 중국 만주에 있는 여순 감옥에서 세상을 떠났지만, 나라를 위해 자신의 삶을 헌신한 이회영의 희생 덕분에 독립의 소망은 후손들의 가슴에 길이 이어졌습니다.

　어서 책장을 넘겨 그의 이야기를 전해 주고 싶네요. 이회영이 꿈꿨던 독립과 자유의 정신이 독자 여러분의 마음속에도 별처럼 새겨지길 바랍니다.

-2015년 봄 이지수

차례

1. 동이 터 온다 •9
2. 모두의 아들, 회영 •14
3. 부자 청년 이야기 •21
4. 나라를 빼앗는 도둑 •30
5. 헤이그 비밀 특사 •38
6. 만주로, 만주로 •45
8. 아나키스트가 되어 •61
9. 항일구국연맹의 불길 •73
10. 여순 감옥의 밤 •84

글쓴이의 말 •4
역사인물 돋보기 •95

1. 동이 터 온다

 칠흑 같은 어둠이 온 천지에 내렸다. 상하이의 밤은 무서울 정도로 깊었다. 온 가족이 먼 땅 중국으로 망명해 온 지도 십수 년이 지났지만, 회영은 좀처럼 이 밤에 익숙해지지가 않았다. 오늘따라 어둠에 싸인 창밖의 풍경이 더욱 황량했다.
 '조금만 더 싸우면 다시 조국을 찾을 수 있다.'
 회영은 그리운 조선의 모습을 떠올리며 마음을 다졌다. 손을 뻗으면 닿을 것 같은 나라, 봄이 오면 진달래와 산수유로 물드는 아름다운 산천……. 하지만 회영이 사랑하는 조국은 비열한 일본의 손에 넘어간 지 오래였다. 을사조약

체결로 외교권을 강탈당한 데 이어 1910년 8월 29일, 조선이 일본에 합병되어 버린 치욕의 날을 회영은 뼈에 새겨 넣었다.

'곧 나라를 되찾을 결전의 날이 온다.'

회영은 두 주먹을 불끈 쥐었다. 그는 새벽이 되면 만주로 향하는 배에 오를 계획이었다. 그리고 독립의 불길이 타오르는 만주 벌판에서 조선 독립을 위해 여생을 바칠 것이다.

그때 방문 너머에서 한 목소리가 들렸다.

"아버지, 규창입니다."

"들어오너라."

아들 규창이 조용히 문을 열고 들어왔다. 규창의 얼굴빛이 어두웠다.

"늦은 밤에 무슨 일이냐?"

회영이 인자한 목소리로 물었다.

"아버지께서 목숨을 걸고 만주로 떠나시는데 제가 어찌 잠을 이룰 수 있겠습니까."

규창의 목소리가 떨려 왔다. 차마 아버지를 올려다보지

못하는 눈에는 뜨거운 눈물이 차오르고 있었다.

"누군가는 해야 할 일이 아니냐."

"그것이 꼭 아버지여야 합니까?"

규창의 말에 회영은 버럭 목소리를 높였다.

"조선의 아들로 태어나 조선을 위해 목숨을 버리는 것이 어찌 아깝다는 것이냐? 하늘이 내게 백 개의 목숨을 주셨다 해도 나는 그 전부를 내 조국을 찾는 데 바쳤을 것이다!"

규창의 마른 얼굴에 눈물이 쏟아졌다. 참았던 울음이 꺼억꺼억 터져 나왔다.

규창은 아버지 앞에 무릎을 꿇었다.

"부두까지 제가 아버지를 모시겠습니다. 부디 허락해 주십시오."

의연했던 회영의 눈가에도 눈물이 맺혔다. 회영은 발치에 엎드린 아들의 앙상한 몸을 바라보았다.

'먼 이국에서 가난과 고통만 물려주고 떠나는 이 아비를 용서하거라.'

회영은 이 말을 마음속으로 삼켰다. 그러고는 아들의

굽은 허리를 오랫동안 말없이 어루만졌다. 규창의 해어진 도포 위로 회영의 눈물이 한 방울, 두 방울 떨어졌다.

집을 나서기 전, 회영은 두 손에 봇짐을 들고 빈방을 돌아보았다. 불꽃같았던 지난 세월이 주마등처럼 지나갔다. 창밖으로 여명이 밝아 오고 있었다. 길고 긴 밤이 끝나고 새날이 시작되고 있었다.
'조선의 국운도 이와 같을 것이다. 곧 새 아침이 밝아 올 것이다.'
너른 산줄기 너머로 비쳐 오는 새벽빛을 바라보며 회영은 결의를 다졌다.

2. 모두의 아들, 회영

 1867년 봄기운이 만연한 3월의 어느 날이었다. 한양 저동 거리가 흥겨운 목소리들로 시끌벅적했다. 사람들이 모인 곳은 이조 판서 이유승 대감 댁 앞이었다. 양민 상놈 할 것 없이 마을에 사는 백성들은 다 모인 것 같았다.
 "이 대감께서 또 아들을 얻으셨구먼! 대문 앞에 달린 저 실한 고추 좀 보게, 허허!"
 "벌써 넷째 아들이야, 글쎄. 하늘이 복을 내리신 게지."
 "암, 그렇고말고! 이 대감 댁이라면 복을 캐서라도 드려야지."
 거리가 백성들의 축복으로 넘칠 때였다. 이 대감 댁 대

문이 "쩌억" 하는 소리를 내며 활짝 열렸다. 하인 하나가 나오더니 큼큼 목을 고르고는 큰 소리로 외쳤다.

"대감께서 오늘 아침 건강한 도련님을 얻으신 고로, 모두와 곳간 곡식을 나누고자 하시오. 댁에 쌀알 곡식이 모자란 자가 있거든 어서 줄을 서시오!"

배고픈 겨울을 나던 백성들이 크게 환호했다.

"이유승 대감, 감사합니다!"

"감축드립니다, 대감!"

그 자리에 모여 있던 선비들은 군자의 자비를 몸소 실천하는 대감에게 모두 고개를 숙였고, 양반들은 부끄러움에 잰걸음으로 그 앞을 지나갔다.

이유승 대감의 가문은 한양 최고의 명문가였다. 예부터 학식과 교양이 높았던 이 대감의 가문은 9대째 정승 판서를 지냈고, 내로라하는 학자들을 배출해 왔다. 하지만 비단 높은 학식과 벼슬 때문에 오랜 세월 백성들이 대감의 가문을 사랑하고 존경해 온 것은 아니었다.

"이렇게 많은 재물을 나누시는데 대감 댁에는 남는 것이 있을까요?"

"그러게 말이야. 상놈이 양반을 걱정할 때도 다 있구먼, 허허."

이유승 가문은 대대로 작은 경사라도 생기는 날이면 곡식이나 일꾼을 풀어 가난한 백성들을 보살폈다. 세상에서 가장 귀한 행복은 백성과 나라의 행복이라고 생각했기 때문이다. 제 욕심만 채우기 바쁜 양반들과는 근본부터 달랐다.

"대감, 우리 아들 이름을 뭐라고 지을까요?"

이유승은 아내의 품에 안겨 잠든 갓난아이를 사랑스럽게 바라보았다.
　"모일 회(會) 자를 써서 회영이라고 하는 게 어떻소? 가문의 마음을 모으고, 백성의 마음을 모아 이 나라를 튼튼하게 할 아이로 자라도록 말이오."
　아내는 좋은 이름이라며 반겼다.
　"회영이, 회영이."
　어머니 곁에 쪼르르 앉아 있던 세 형들도 막 태어난 막내의 이름을 우물우물 따라하며 좋아했다.
　세월은 빠르게 흘렀다. 회영은 가족과 백성들의 사랑을 받으며 무럭무럭 자랐다. 어린 회영은 유난히 호기심이 강했다. 매일 더 많은 것을 배우려 했고 새로운 지식을 접하려 했다. 그래서인지 회영은 형제들 중에서도 손꼽히는

책벌레였다. 집에 있는 책이란 책을 모두 읽고도 스승이나 친구들에게 새 책을 빌려 읽곤 했다.

"상설아, 우리 내일 밤에 뒷산 너머 나환자촌에 가 보지 않을래?"

"나환자촌? 그러다 나병이 옮으면 어떡하려고!"

어릴 적 책 친구로 만난 이상설은 회영과 평생 동안 우정을 나눈 둘도 없는 동무였다.

상설이 펄쩍 뛰자 회영이 의연하게 말했다.

"네가 빌려준 서양 의서에서 나병은 쉽게 옮지 않는 병이라고 했어. 걱정하지 마."

"그래도……. 대체 나환자촌에 가서 뭘 할 건데?"

"어스름한 저녁에 몰래 가서 곡식을 두고 올 거야. 공자님께서 힘없고 굶주린 백성들을 돌보는 것이 군주의 도리라고 하셨거든."

"공자님은 무슨. 너 또 홍길동전을 읽은 게지?"

상설과 회영이 함께 키득거렸다.

회영은 한 번 옳다고 여긴 것은 무조건 실행에 옮기는 성격이었다. 덕분에 가족과 친구로부터 무모하다거나 앞

만 본다는 소리를 종종 들었다.

그날 밤, 가족들이 모두 잠자리에 들자 회영은 몰래 곳간에 숨어들었다. 제 덩치만 한 쌀 한 석을 지고 대문으로 향했다.

"거기 회영이냐?"

"응, 나다. 끙… 조금만 기다려라."

대문 밖에서 들리는 상설의 목소리에 회영은 조바심이 났다. 막 대문을 열려던 찰나에 등에 진 쌀 포대가 바닥으로 떨어졌다. 쿵! 그 바람에 포대 주둥이가 터지면서 마당 가득 쌀알이 쏟아졌다.

이윽고 온 집안에 한바탕 난리가 났다. 어린 회영과 상설은 사랑채에 불려 가 호되게 꾸중을 들었다.

"너는 어찌 동무를 꼬드겨 곡식을 빼돌리려 했느냐? 바른대로 말하렷다!"

아버지의 호통에 회영은 고개를 떨어뜨렸다.

대답 없는 회영 대신 상설이 입을 열었다.

"대감마님, 회영이는 잘못이 없습니다. 그저 쌀 한 석을 나환자촌에 가져다주려다가 그런 것입니다."

이유승은 깜짝 놀랐다. 아들의 어진 심성은 이미 알고 있었지만 이토록 무모할 줄은 미처 생각하지 못했다.

"그렇다 해도 나환자촌에 혼자 가는 것은 위험한 일이다."

이유승이 조금 풀어진 목소리로 회영을 타일렀다. 그러자 회영은 물러서지 않고 말했다.

"군자가 되어 어찌 가장 낮은 자들을 외면할 수 있겠습니까?"

"아니, 그래도 이 녀석이!"

아버지 앞에서도 한 치의 주저함 없이 군자의 도를 내세우는 통에, 회영은 밤새 훈계를 받아야 했다.

어머니가 울다 지쳐 잠이 든 회영을 어루만지며 말했다.

"대감, 회영이가 날이 갈수록 대나무같이 자라니… 이대로 괜찮을까요?"

이유승은 겁 없이 뜻을 굽히지 않던 회영의 모습을 떠올리며 껄껄 웃었다.

"그릇이 큰 게지. 한번 두고 봅시다."

3. 부자 청년 이야기

"아이고, 도련님! 정말 왜 이러십니까?"

아침부터 이유승 대감 댁이 발칵 뒤집혔다. 노비들이 몰려나와 스무 살 회영을 뜯어말렸다.

"왜 이러냐니요? 저보다 나이가 많으시니 당연히 존대를 해야지요."

대감의 넷째 아들 회영이 갑자기 노비들에게 높임말을 쓰기 시작한 것이다.

"아주머니, 간밤에 잘 주무셨습니까?"

"형님, 진지는 잡수고 일하십시오."

노비들은 회영의 말에 혼비백산하여 고개를 주억였

다. 조선 팔도에 어느 노비가 양반에게 존대를 받는단 말인가? 노비들은 천벌이라도 받을 것처럼 바닥에 주저앉았다.

"회영 도련님! 이번엔 무슨 장난인지 모르겠지만, 이제 그만 존대를 거두어 주십시오!"

한바탕 소란이 일자 회영의 형제들이 뛰어나왔다. 세형은 회영을 엄히 꾸중했고 두 동생은 회영의 바짓가랑이를 잡고 매달렸다. 하지만 회영은 뜻을 꺾지 않았다.

회영이 하루아침에 양반의 특권을 내려놓은 것은 전날 교회에서 들은 설교 때문이었다. 죽마고우 이상설과 찾아간 교회에서 회영은 어디에서도 들어 본 적 없는 이야기를 들었다.

"모든 사람은 평등합니다. 제 의지로 노비가 되는 자도 없고, 제 의지로 양반으로 태어나는 자도 없지 않습니까? 신분의 귀천을 따지는 것은 이제 옛일입니다. 상놈이든 양민이든 서로를 귀하게 여기십시오."

목사의 설교에 회영은 몽둥이로 머리를 얻어맞은 것 같았다. 여태껏 비천하고 가난한 자들을 도울 줄만 알았지, 그들과 자신이 똑같은 사람이라고 생각해 본 적은 없었다.

'그래, 이제 조선도 평등한 세상이 되어야 한다.'

당시 고종이 다스리던 조선은 서구 열강의 간섭과 일본의 계략 속에서 서서히 무너지고 있었다. 회영은 조선을 다시 세우기 위해서는 기독교의 평등사상이 꼭 필요하다는 걸 깨달았다. 가장 먼저 신분 제도부터 사라져야 했다. 그래야 양반 상놈 할 것 없이 재능이 있는 자들이 나라를 위해 공부하고 힘을 쏟을 수 있기 때문이다.

"그래서 노비들에게 존댓말을 쓰는 것입니다. 우리 집안부터 신분제를 버려야지요."

회영이 가족들에게 그간의 일을 털어놓으며 설득했다.

"유서 깊은 우리 가문의 명예를 떨어뜨리는 일입니다."

"맞다, 아우야. 조상님들을 어찌 욕보이겠느냐?"

형제들이 이구동성으로 회영을 말렸다. 그러나 단 한 사람, 둘째 형 석영만은 회영의 뜻에 찬성했다.

"듣자 하니 회영이의 말이 옳다. 돈을 주고 족보를 사는

요즘 세상에 양반이라는 신분은 이제 넝마 쪼가리나 다름없다. 하루 빨리 평등한 세상이 와야 온 백성이 나라를 다시 세우는 데 힘을 모을 수 있을 것이다."

석영이 회영의 어깨를 다독이며 말했다.

"신분까지 버릴 결심을 하다니, 대견하구나."

시간이 흐르자 이 씨 일가 모두가 회영을 따라 신분이 낮은 사람들에게 존대를 했다. 노비 문서를 태워 집안의 노비들을 양민으로 풀어 주기도 했다.

"역시 백사 이항복의 후손일세!"

백성들과 지식인들은 이유승 대감 가문을 입이 마르게 칭찬하며 본보기로 삼았다.

그 후로도 회영은 의미 없는 옛 관습을 버리고 새로운 조선 사회를 만들기 위해 노력했다. 온 국민이 일어나 반대하던 단발령을 선뜻 받아들인 것도 그 때문이었다.

"양반 체면이 말이 아니구먼! 오랑캐처럼 머리를 박박 밀고서는……."

평소 회영의 가문을 존경하던 사람들까지 고개를 절레

절레 저었지만 회영은 아랑곳하지 않았다. 회영은 자신뿐 아니라 자식들의 머리도 깨끗이 밀었다. 상투 역시 옛 관습일 뿐 머리를 자르지 않는다고 효도를 하는 것도 아니며, 오히려 조선을 향해 밀려오는 새 세상과 마주하는 데 벽이 되었기 때문이다.

그런가 하면 회영은 남편을 잃고 과부가 된 여동생들을 재혼시키기도 했다. 당시만 해도 여성들은 이혼이라는 말을 꺼내지도 못했을 뿐더러, 남편을 잃었다 하더라도 다시 시집을 간다는 건 상상도 못할 일이었다. 재혼한 여성을 향한 조선 사회의 눈이 너무나 매서웠기 때문이다. 회영은 여성에게만 평생 정절을 강요하는 이런 관습도 이해할 수가 없었다.

회영의 우직한 행보는 언제나 한양을 떠들썩하게 했다. 그도 그럴 것이, 그의 가문은 조선 제일의 명문가였다. 모두가 가문의 망신이라며 고개를 저을 때 회영의 든든한 지원군이 되어 준 것은 말없이 회영을 믿어 주는 가족과 죽마고우 이상설이었다.

"회영아, 상동교회까지 산책할까?"

회영이 상심에 빠져 있을 때면 상설이 이렇게 말하곤 했다. 회영은 기독교를 믿지 않았지만 나라를 구할 신학문과 교훈을 배우러 교회로 몰려드는 지식인들을 만나기를 즐겼다. 특히 상동교회의 전덕기 목사는 회영이 무척 존경하는 어른이었다. 그는 천한 숯쟁이 출신이었지만 신앙을 통해 목사가 되기로 결심하고 조선의 청년들에게 신학문을 가르치고 있었다.

어느 날 전덕기 목사가 홀로 교회를 찾은 회영에게 말했다

"회영 선생, 왜 얼굴빛이 어두우십니까?"

"양반으로서 누릴 수 있는 것들을 버려 가면서까지 발버둥 쳤건만, 우리 조선의 상황은 점점 더 어두워지는 것 같습니다."

전덕기 목사가 회영의 어깨를 다독였다.

"선생을 보면 예수가 칭찬하신 부자 청년이 떠오릅니다."

"부자 청년이요?"

전덕기 목사는 성경에 나오는 부자 청년의 이야기를 들려주었다.

"구원을 얻기 위해 누구보다 바르게 산 부자 청년이 있었습니다. 예수도 감동할 정도였지요. 하지만 예수께서는 그 청년에게 단 한 가지 부족한 것이 있다고 말씀하셨습니다."

회영이 눈을 반짝이며 물었다.

"그게 무엇이었습니까?"

"가진 전부를 걸지 못하는 마음이었지요. 예수께서는 부자 청년에게 가진 재산을 모두 팔아 가난한 자들에게 나누어 주라고 하셨습니다. 청년은 그 말을 듣고 근심하며 떠났습니다."

전덕기 목사가 떠난 뒤에도 회영은 해가 떨어질 때까지 교회당에 남아 있었다. 금세 사방이 깜깜해졌다. 종지기가 울리는 커다란 교회 종 소리가 회영의 가슴 깊숙이 박혀 들었다. 그 틈으로 한 줄기 빛이 내리쬐는 것 같았다.

'그래, 하늘이 내게 준 재산과 목숨을 모두 바치리라. 나라를 구하지 못할지언정 후회는 하지 않으리라.'

그렇게 다짐하자 마음속에 가득했던 근심과 걱정이 한순간에 사라졌다. 전부를 건 자만이 얻을 수 있는 평화였다. 회영은 두 주먹을 굳게 쥐고 교회를 떠났다.

하지만 조선의 국운은 회영의 다짐을 비웃기라도 하듯 낭떠러지로 치닫고 있었다. 1894년 부패한 조선 사회를 개혁하고 일본의 간섭으로부터 벗어나기 위해 동학 농민 운동이 일어났지만 실패로 끝이 났다. 그리고 이듬해, 회영의 항일 투쟁에 불씨를 당긴 비극이 일어났다. 국모인 명성 황후가 일본이 보낸 자객에게 살해를 당한 것이다. 온 거리가 분노와 눈물로 가득 찼다. 회영과 형제들도 원통함에 가슴을 쳤다.

'더 이상 가만히 있어서는 안 된다!'

회영은 결연히 마음을 먹었다. 드디어 세상을 향해 출사표를 내던지는 순간이었다.

4. 나라를 빼앗는 도둑

회영은 이동녕과 주시경 등 훌륭한 민족 지사들을 모아 상동교회에 작은 학교를 열었다. 바로 '우공학교'였다.

'젊은 백성들이야말로 이 조선을 다시 세울 주인공이다.'

회영은 백성 모두를 깨우쳐야만 힘없는 조선이 폭풍 같은 세계정세 속에서 살아남을 수 있다고 믿었다. 젊은이들을 깨우치려는 회영과 동료들의 열정은 나날이 커져 갔지만 학교를 유지하는 비용이 만만치 않았다. 고민 끝에 교사들이 회의를 열었다.

"학생들은 날이 갈수록 늘어나는데 학교의 재정이 턱없

이 부족합니다. 장차 어찌해야 좋겠습니까?"

고심하던 회영이 조심스럽게 말을 꺼냈다.

"저희 가문에서 관리하는 넓은 인삼밭이 있습니다. 그곳의 인삼을 팔아 자금을 마련하는 게 어떨지요."

모두가 기뻐하며 무릎을 쳤다. 그리하여 회영은 개성의 인삼밭을 학교에 기증했다. 그 후로도 그는 시간이 날 때마다 개성으로 달려갔다. 비가 오나 눈이 오나 학생 한 명 한 명을 보듬듯 정성스럽게 인삼을 키웠다. 어느새 시간이 지나 튼튼하게 뿌리 내린 인삼들을 보고 있으면 마음 한편이 뿌듯했다.

그러던 어느 날이었다. 집에서 주말을 보내던 회영에게 전보가 날아왔다.

개성 인삼밭에 도둑이 들었음.

가슴이 쿵 내려앉았다. 자식처럼 키운 인삼을 누가 훔쳐 갔단 말인가? 회영은 당장 개성으로 향했다. 인삼밭 한쪽이 이리저리 파헤쳐져 엉망이었다. 얼마 전만 해도 튼실

하게 자라고 있던 인삼들이 모조리 사라져 버렸다.

"범인을 본 사람이 없소?"

인삼밭 근처에 사는 사람들을 수소문했지만 인삼 도둑을 본 사람은 없었다. 한밤중에 인삼을 훔쳐 갔기 때문이다. 하지만 의심이 가는 사람들이 있었다.

"나리의 인삼을 털 조선인은 개성에 한 명도 없습니다. 모두 나리를 아끼고 존경하니까요. 하지만 요즘 시내에서 활개를 치고 다니는 일본 경찰들은 다릅니다."

마을 사람들이 입을 모아 말했다.

조선이 일본의 손에 놀아나기 시작하면서, 조선에 주둔한 일본 경찰들의 태도도 나빠지기 시작했다. 조선인을 업신여기고 크고 작은 수탈을 일삼았다. 하지만 회영은 침착하게 경찰에게 인삼 사건을 신고했다. 아니나 다를까, 신고를 받은 일본 경찰은 크게 당황한 기색이었다.

"허, 허가도 받지 않은 땅에서 인삼을 재배했으니 도둑을 맞은 게 아니오?"

일본 경찰은 도리어 회영을 나무랐다. 회영은 그가 인삼 도둑임을 직감했다. 머리끝까지 화가 난 회영은 일본

경찰을 호되게 혼내며 경찰서의 책상과 창문을 부쉈다. 일본 경찰은 쩔쩔매며 어쩌지 못했다.

그 뒤 회영은 법을 잘 아는 친구를 통해 인삼 도난 사건을 법정으로 가져갔다. 결국 일본 경찰이 진범임이 밝혀졌고, 회영은 당당하게 보상을 받았다.

조선인이 일본 경찰의 코를 납작하게 해 준 이야기는 개성을 넘어 한양 궁궐에까지 흘러들어갔다.

"통쾌하구나! 과연 이유승의 아들이로다."

아내인 명성 황후를 일본인들에게 잃은 고종은 회영의 당찬 행실에 손뼉을 치며 기뻐했다. 고종은 당장 회영에게 벼슬을 내렸지만, 그는 정중히 거절했다. 높은 벼슬과 관직보다 기울어 가는 나라를 살리는 것이 더 중요했기 때문이다.

회영은 궁 밖에 있으면서도 조선과 국제 정세를 날카롭게 꿰뚫어 보고 있었다. 조선을 향한 일본의 야욕은 커져만 갔고 갈수록 치밀하게 조선의 숨통을 조여 왔다. 그리고 1905년 11월 9일, 일본의 고위 정치인 이토 히로부미가 한양에 왔다는 소식이 들려왔다. 회영은 급히 동료들을 불

러 모았다.

"이번에 이토 히로부미가 온 것이 왠지 불안합니다. 우리 정부로부터 무언가 받아 내기 위한 것이 틀림없습니다."

회영은 나라에서 높은 벼슬을 지내던 친구 이상설에게도 특별히 주의를 주었다. 하지만 회영의 분투에도 불구하고 비극은 일어나고 말았다.

"회영 선생, 큰일 났습니다! 이를 어쩐단 말입니까! 지금 덕수궁에서……."

1905년 11월 17일, 회영과 함께 우공학교를 이끌던 이동녕이 헐레벌떡 뛰어왔다. 그는 더 이상 말을 잇지 못하고 주저앉았다. 불길한 기운이 스쳤다.

"도대체 왜 그러는가? 덕수궁에서 무슨 일이 있기에?"

눈물만 떨구는 이동녕 뒤로 상설이 들어왔다. 그의 얼굴은 하얗게 질려 있었다.

"덕수궁에서 방금 조약이 체결됐네. 일본에게 우리의 모든 외교권을 넘긴다는 조약 말일세."

회영은 머리를 얻어맞은 듯 휘청했다. 개성에서 인삼을

훔치던 도둑들이 결국 나라까지 빼앗는 비열한 도적이 된 것이다. 조선을 지키려 했던 지금까지의 노력이 모두 수포로 돌아간 셈이었다.

"조약이 체결되었다면 조선 역시 찬성한 일일 터, 어떤 작자가 일본 편에 붙었단 말이오?"

상설이 이를 부드득 갈며 말했다.

"조정에 배신자들이 있었어. 학부대신 이완용과 그 무리들이 일본과 힘을 합했네."

그 말을 들은 회영은 피가 거꾸로 솟는 것 같았다. 통탄이 절로 새어 나왔다.

"조정의 녹을 먹는 자들이 어찌 나라를 팔 수가 있단 말인가!"

훗날 이 조약은 '을사조약'으로 불렸다. 을사조약은 이후 조선이 일본의 식민지로 전락하는 발판이 되었다.

다음 날부터 신문에는 을사조약을 비난하는 조선 지식인들의 글이 빗발쳤다. 사실상 일본의 속국이 되어 버린 대한 제국의 운명에 비탄하며 자결을 하는 사람들도 있었다. 회영과 동료들은 종로에 나가 국민들에게 호소했다.

"강제 조약의 수치를 씻읍시다! 대한 제국을 다시 찾읍시다!"

회영과 우국지사들의 간절한 외침에 종로 일대가 구름같은 인파로 가득 찼다. 하지만 곧 일본군이 들이닥쳤다. 총칼로 위협하는 일본군 앞에 국민들은 흩어질 수밖에 없었다.

"이대로 가만히 있을 수는 없소. 나라의 적을 처단하여 조약이 무효하다는 것을 보여 줘야 하오!"

회영은 상동교회에 모인 동료들과 함께 을사오적, 즉 을사조약에 동의한 배신자 다섯 명을 처단하기로 마음먹었다. 하지만 수많은 난관으로 인해 회영의 암살 계획은 실패로 돌아갔다. 끝까지 분투한 동료들은 혹독한 고문까지 당해야 했다.

회영은 작고 힘없는 조국 안에서 아무리 발버둥 쳐 봐야 일본의 기세를 떨쳐 내기에는 역부족임을 깨달았다.

'나라 밖에서 다른 나라들과 힘을 합쳐야 한다.'

회영은 검은 안개가 자욱히 낀 듯이 황망한 시대 속에서 신중하게 때를 기다렸다.

5. 헤이그 비밀 특사

"이번에 네덜란드 헤이그에서 만국평화회의가 열린다고 합니다."

1907년 어느 날, 양기탁이 회영을 찾아와 말했다. 회영이 나라 밖에 조선의 사정을 알릴 기회를 엿보고 있다는 것을 누구보다 잘 알고 있었기 때문이다. 신문 〈대한매일신보〉를 발행하는 그는 조선에서 누구보다 빠른 소식통이었다.

"전 세계 40개가 넘는 국가의 대표들이 참가한다고 하니, 일본의 만행을 알릴 둘도 없는 기회가 될 겁니다!"

그토록 기다리던 소식에 회영은 양기탁과 두 손을 맞잡

고 기뻐했다.

회영은 발 빠르게 움직였다. 두 번 다시 오지 않을지도 모를 기회를 놓칠 수 없었다. 그는 고종 곁에서 내시로 일하는 안호영에게 이 뜻을 전달했다.

"헤이그에 특사를 보낸다니, 정말 좋은 생각입니다. 이 사실을 바로 폐하께 전하겠습니다."

회영은 헤이그로 떠날 특사로 친구 이상설을 추천했다. 상설은 일찍이 을사조약이 체결된 후, 나라 밖에서 기회를 도모하기 위해 중국 만주로 나가 있었다. 젊어서부터 세계 정세에 밝았던 그는 조국의 특사가 되기 알맞은 사람이었다. 이후 회영은 동료들과 상의하여 두 사람을 더 추천했다. 바로 이준과 이위종이었다. 이준은 법에 밝은 검사로, 조정 대신들의 비리를 밝히다 쫓겨나 지금은 독립 협회에 몸담고 있었다. 그는 누구보다 조국의 자립에 열정을 가진 인물이었다. 또한 러시아에 있는 대한 제국 공사의 아들인 이위종은 영어, 불어, 러시아 어에 두루 능통한 유일한 조선인이었다. 헤이그에서 세계인들에게 조선의 사정을 호소하기 위해 꼭 필요한 청년이었다.

얼마 후, 미국인 선교사 헐버트가 남몰래 회영을 찾아왔다. 그는 황실이 신뢰하는 고종의 측근이었다.

"폐하의 밀명을 전하러 왔습니다."

헐버트는 회영에게 황제의 백지 위임장을 내밀었다.

"이것이 무엇이오?"

"이번 헤이그 특사 파견에 있어 모든 것을 믿고 맡기겠다는 황제의 위임장입니다."

아무런 조건 없는 고종의 믿음에 회영은 마음이 뜨거워졌다.

회영은 이준을 통해 상설에게 고종의 위임장을 보냈다. 그리고 러시아의 수도 상트페테르부르크에서 이위종도 합류했다.

마침내 네덜란드 헤이그에 도착한 특사들은 만국평화회의에 참석을 요청했다. 그러나 생각지 못한 난관이 기다리고 있었다. 일본이 미리 손을 쓴 것이다. 일본은 외교 동맹을 맺은 영국과 함께 세 명의 특사를 집요히 방해했다. 멀고 먼 네덜란드로 떠난 조선의 특사들은 제대로 된 발언조차 하지 못하고 돌아올 위기에 처했다.

"본회의가 아니더라도 세계 언론인들에게 호소해 보는 건 어떻겠소?"

특사들의 안타까운 상황을 본 네덜란드 언론인 W.스테드는 만국평화회의와 함께 개최된 '국제협회'에서 특사들이 발언할 수 있는 기회를 열어 주었다. 외국어에 능통한 이위종이 연설을 맡아 조선의 비참한 현실을 알렸다. 언론인들이 큰 관심을 보이기는 했지만 안타깝게도 이렇다 할 성과는 없었다. 헤이그 비밀 특사 파견은 그렇게 끝이 나고 말았다.

헤이그에 모든 것을 걸었던 이준 선생이 결국 자결을 하였네.
위종과 나는 폐하를 뵐 낯이 없어 중국에서 후일을 도모할 생각이네.

얼마 후 상설에게서 온 편지를 받은 회영은 고개를 떨구었다. 실패로 돌아간 헤이그 특사 파견으로 일본은 고종에게서 황제의 지위를 박탈했다. 황실의 마지막 몸부림이 수포로 돌아간 것이다.

이듬해에도 회영의 눈에서는 눈물이 마르지 않았다. 아버지 이유승이 세상을 떠난 지 얼마 되지 않아 아내도 병으로 눈을 감고 말았다.

'나는 아직 모든 걸 잃지도 않았고, 모든 걸 버리지도 못했다.'

회영은 애써 슬픔을 삼켰다. 눈물을 흘릴 시간조차 없었다. 1907년 회영은 나라를 구하려는 우국지사들과 비밀결사 '신민회'를 만들었다. 신채호, 안창호, 이갑 등 나라를 위해 목숨을 바칠 각오가 되어 있는 800여 명의 회원이 모였다.

"나라 안팎에서 후손들을 양성해 조선의 자주독립을 이뤄야 합니다. 우리의 정치와 교육, 문화, 이 모든 것을 동원해야 합니다."

그리하여 조선 각계각층에서 신민회 활동이 시작되었다. 그들은 가장 먼저 민족의식을 고취시킬 학교를 세웠다. 언론으로는 〈대한매일신보〉를 중심으로 조선 지식인들이 한목소리를 냈다. 또한 평양과 대구에 서점 '태극서관'을 열어 국민들을 깨칠 새로운 지식을 보급했다.

일본의 탄압은 날이 갈수록 거세졌다. 어느덧 조선 통감으로 부임한 이토 히로부미는 이렇게 목소리를 높였다.

"나의 백 마디 말보다 〈대한매일신보〉의 기사 한 줄이 훨씬 더 조선인들을 움직인다."

일본은 〈대한매일신보〉의 사장인 영국인 베델을 조선에서 추방시키고, 그 자리에 친일 인사를 앉혔다. 이 일로 〈대한매일신보〉를 꾸려 나가던 신민회 인사들이 모두 뿔뿔이 흩어졌다. 이후 〈대한매일신보〉는 〈매일신보〉로 이름을 바꾸고 일본을 찬양하는 총독부의 선전 매체가 되어 버렸다.

신민회와 회영을 향한 일본의 감시가 점점 주도면밀해지는 가운데 1910년 8월 29일, 대한 제국은 결국 국권을 상실하고 나라의 통치권을 일본에 넘겨 주었다. 일찍이 나라의 운명을 예상한 회영이었지만 찢어지는 가슴은 어찌할 수가 없었다.

"일본의 땅이 되어 버린 이곳에 한시도 발을 붙이고 싶지 않다!"

회영은 인생을 바꿀 커다란 결심을 세웠다. 조국을 떠나 만주로 가고자 한 것이다.

6. 만주로, 만주로

얼마 후 회영은 사랑채에 온 가족을 불러 모았다.

"형님, 그리고 아우야. 이제 조선은 독립을 준비하기에 너무나 위험한 땅이 되어 버렸습니다. 왜놈들의 손아귀에 넘어간 조선에서 더 이상 살아갈 수 없으니, 모두 만주로 망명하는 게 어떨는지요?"

형제들은 이미 회영의 마음이 굳게 돌아섰다는 것을 알고 있었다. 또한 형제들도 회영과 뜻이 같았다. 망국의 비극을 막지 못한 이상 죽어서도 선조들의 낯을 볼 수가 없었다.

"그렇게 하자. 왜놈의 땅에서 숨을 쉰다는 것은 수치가 아닐 수 없다."

둘째 형 석영이 말했다. 형제들 모두 결연히 고개를 끄덕였다.

그리하여 이회영 일가는 40명의 가솔을 이끌고 만주로 떠날 준비를 했다. 가문의 전 재산을 정리하니 모두 40만 원, 오늘날의 돈으로 600억 원 정도가 모였다. 가족들은

만주에 정착하고 독립운동을 펼치는 데 이 돈을 남김없이 쓸 것을 약속하고 함께 망명길에 올랐다.

　회영은 만주로 떠나기 전, 집안의 하인들을 모두 해방시켰다. 하지만 하인들이 떠나지 않고 애원했다.

　"나리, 저희도 나리를 따라가게 해 주십시오."

　놀란 회영이 하인들을 타일렀다.

　"우리 가문이 가게 될 곳은 이역만리 살을 에는 만주 땅이네."

　"추위와 가난은 상관없습니다. 나리 덕에 새 목숨을 얻었으니, 저희도 나리와 함께 독립을 위해 싸우겠습니다."

그리하여 이회영 일가와 하인들까지, 식솔 50여 명은 한양을 떠나 만주로 향했다. 나라의 주권을 빼앗긴 지 반 년이 채 지나지 않은 1910년 12월의 일이었다.

"뭐라? 우당 이회영 가문이 전부 조선을 떠났단 말이냐?"

조선 총독부의 일본인들은 기가 찼다. 일본 편에 선 양반과 벼슬아치들은 조선 총독부가 내린 큰 재물과 관직을 받고 떵떵거리며 살 수 있었다. 그런 호사를 버리고 가문 전체가 중국으로 망명을 하다니, 믿을 수가 없었던 것이다. 이 소식을 들은 국민들은 탄복해 마지않았다. 독립 협회를 세운 월남 이상재 역시 이렇게 감탄했다.

"세계 역사를 통틀어 나라를 잃고 조국을 떠난 충신은 많았지만, 우당 선생처럼 육 형제 사십 명의 가족이 한 마음으로 나라를 떠난 일은 없었다. 장하다! 우당 형제의 절의는 우리 동포의 좋은 모범이 될 것이다!"

이회영 일가는 가장 춥고 혹독한 한겨울에야 만주 삼원보에 닿았다. 회영이 미리 보아 둔 마을이었다. 삼원보 일

대는 먼 옛날 고구려의 중심지이기도 했다. 하지만 회영이 삼원보를 보금자리로 선택한 데에는 중요한 이유가 따로 있었다.

"우리가 가져온 재산으로 이곳에 군사 학교를 세울 생각입니다."

회영이 형제들에게 말했다.

"삼원보는 산으로 둘러싸인 넓은 들판입니다. 일본의 눈을 피해 독립군을 키우기에 안성맞춤이지요."

무력에 무력으로 대항하지 못한 채 일본에 나라를 잃게 되자, 회영은 국민을 교육시키는 것뿐 아니라 나라의 군인을 기르는 것도 독립에 꼭 필요하다는 것을 깨닫게 됐다. 그리하여 일제의 감시가 덜한 넓은 만주 땅에 무관 학교를 세우고자 결심한 것이다.

가족들은 회영의 말을 믿고 따랐다. 회영은 가족들에게 모진 운명을 걷게 하는 것 같아 가슴이 미어졌다. 군사 학교를 세우기에 알맞다고는 하나, 험한 산중에 있는 삼원보는 사람이 살 곳이 못 되었다. 풍족하고 아름다웠던 한양 땅의 너른 기와집을 생각하면 회영 일가는 하루

아침에 비렁뱅이 나그네가 된 꼴이었다. 특히 시집온 지 2년 만에 험한 만주로 오게 된 아내 이은숙에게는 미안함이 더더욱 컸다.

첫 부인을 잃은 뒤, 회영은 은숙을 만나 상동교회에서 결혼식을 올렸다. 군더더기가 많은 전통 혼례 대신, 단출한 신식 결혼을 올리자는 회영의 제안을 은숙은 흔쾌히 따랐다. 조선 제일의 양반집에 시집와 화려하고 넉넉한 삶을 기대했을 법도 하건만, 은숙은 늘 남편을 지지했다.

"당신에게 정말 미안하오. 한양에서 고운 옷 한 벌 해 주지 못하고 이런 허허벌판 만주로 데려왔으니 말이오."

만주에 도착한 첫날 저녁, 회영이 아내에게 말했다.

"서방님, 어찌 약한 말씀을 하십니까? 나라를 위해 힘쓸 수 있는 곳이라면 한양이든 만주든 제 고향이나 다름없습니다."

어느덧 회영만큼이나 독립의 꿈을 깊이 품게 된 아내가 의연하게 답했다. 회영은 그런 아내가 한없이 고마웠다.

1911년 회영은 자신의 형제들과 동료 이동녕, 김동삼 등

과 함께 본격적으로 군사 학교 설립에 돌입했다. 삼원보의 작은 언덕 위에 '신흥강습소'를 여는 것으로 시작했다. 학교의 이름은 '신민회'의 '신(新)' 자와 다시 일어난다는 뜻의 '흥(興)' 자를 따서 지었다.

일제의 눈을 피하기 위해 보통학교인 것처럼 가장했지만, 사실 신흥강습소는 독립군을 키우는 군사 학교였다. 동포들 사이에 입소문을 타고 조금씩 학생들이 모여들었다. 1913년에는 '신흥중학'으로 이름을 바꾸고 더 많은 학생들을 가르쳤다.

장백산 밑 비단 같은 만 리 낙원은 반만년 피로 지킨 옛집이어늘 남의 자식 놀이터로 내어 맡기고 서러운 마음 비할 데 없구나.

학교 앞 넓은 훈련장에서 학생들이 한목소리로 교가를 불렀다. 나라 안팎에서 독립의 꿈을 안고 찾아온 학생들을 볼 때마다 회영의 가슴은 희망으로 부풀어 올랐다.

많은 어려움 속에서도 신흥중학은 점차 규모를 키워

나갔다. 만주 벌판의 작은 학교에서 어느덧 100여 명의 청년들이 독립군으로 자라나고 있었다. 과거에 노비였던 자들도 학교로 찾아왔다. 대부분 이회영 가문이 해방시킨 노비들이었다. 이뿐만 아니라 지게꾼, 농부 등 각계각층의 사람들이 모였다. 회영은 그들 모두를 독립군으로 받아들였다.

신흥무관학교는 일제의 간섭으로 문을 닫기까지 십여 년 동안 모두 3,500여 명의 졸업생을 배출했다. 졸업생들은 이후 일본에 대한 무력 항쟁에서 큰 역할을 했다. 1920년에 일어난 봉오동 전투와 청산리 전투도 모두 신흥무관학교 출신 독립군이 주도한 것이었다.

신흥무관학교를 짓고 중국에서 활동하는 독립운동가들을 돕느라 만주로 떠나올 때 가지고 온 재산은 어느새 바닥이 나고 말았다. 칼날과 같은 만주의 추위와 혹독한 고난 속에서 손에 쥔 재산은 모래처럼 사라져 갔지만, 회영의 투지는 날이 갈수록 커져만 갔다.

7. 고종 황제 망명 작전

1913년 어느 날이었다. 신흥무관학교의 교사로 일하던 이관직이 이회영에게 편지를 한 장 내밀었다.

"어제 제게 온 편지입니다. 한번 읽어 보시지요."

편지에는 일본이 이회영과 그의 형제들을 체포하려고 만주로 사람을 보냈으니 피하라는 전갈이 적혀 있었다.

"만주에 더 계시다가는 목숨이 위험하십니다. 이상설 선생이 계신 블라디보스토크로 가시는 게 어떻겠습니까?"

회영은 곰곰이 생각에 잠겼다.

"아무 계획 없이 블라디보스토크로 피신하느니, 차라리 조선으로 돌아가 무관 학교를 운영할 자금을 구해 보

겠소."

"하지만 선생님! 조선에는 선생님을 잡으려는 일본 경찰이 사방에 깔려 있습니다."

회영이 가만히 웃으며 말했다.

"이미 조선 독립에 바친 목숨, 죽음은 두렵지 않소. 하지만 해야 할 일을 이루지 못한다면 죽어서도 눈을 감지 못할 거요."

그리하여 회영은 1913년 초봄, 꿈에 그리던 조선으로 돌아갔다. 하지만 불과 십여 년 사이에 조선의 살림살이와 인심은 바닥을 보이고 있었다. 일본이 조선을 강제로 합병하고 난 뒤, 조선인 소유의 토지와 재산, 식량을 남김없이 빼앗았기 때문이었다. 더욱 열악해진 조선의 상황에 회영은 회의감에 젖었다.

'수많은 독립운동가들이 몸부림치고 있지만 조국의 앞날은 여전히 어둡기만 하구나. 과연 조선에 독립은 올 것인가?'

무관 학교를 위한 모금은 여러 날 동안 진척이 없었다. 일본이 독립운동가 한 명 한 명을 일일이 감시하고 있었

고, 돈이 많은 양반들은 이미 대부분 일본 세력에 연합한 후였다. 회영은 어렵사리 작은 오두막을 얻어 그곳에서 숨어 지내며 조선에서 활동하고 있는 동지들을 은밀히 만났다. 그들은 하나같이 눈물을 흘리며 조선의 미래를 걱정했다.

누구에게서 소식이 빠져나갔는지, 어느 날 회영이 사는 오두막에 악명 높은 일본 형사 미쓰와가 들이닥쳤다. 미쓰와는 가문의 온 재산을 정리하고 망명한 사람이 왜 다시 조선으로 돌아왔는지를 캐물었다.

회영은 단호하게 말했다.

"선산의 나무를 누군가 함부로 베어 간다는 이야기를 듣고 급히 귀국했소."

미쓰와는 오랜 시간 회영을 심문하다가 아무 혐의도 찾지 못하고 돌아갔다. 공연히 양반 신분인 회영을 체포하여 일을 크게 만들 수는 없었다.

"조선 땅 어디에서나 우리의 눈이 지켜보고 있으니 행실을 조심해야 할 것이오."

미쓰와는 매서운 눈빛으로 회영을 쏘아보고는 오두막을

나섰다.

이후로도 회영은 일거수일투족을 감시 받았다. 자금을 모으기는커녕 조선 땅에서 제대로 숨을 쉬기조차 힘들었다. 회영은 고민 끝에 블라디보스토크에 있는 친구 상설에게 편지를 했다. 목숨을 걸고 조선에 돌아온 이상, 차라리 큰일을 펼쳐 단번에 독립의 발판을 마련할 계획이었다.

우당, 자네의 뜻이 그러하다면 나와 함께 묵은 소망을 이뤄 보는 게 어떻겠나? 고종 황제를 망명시켜 나라 밖으로 안전히 모실 수 있다면 그분과 함께 조선의 위상을 다시 세우고 온전히 독립을 준비할 수 있을 걸세. 다만 이전에도 한 번 시도하다 일제의 방해로 실패한 적이 있어, 감시가 만만치 않을 것이네.

비록 아무런 힘이 없는 황제였지만, 500년 역사를 이어온 조선 왕실의 상징인 고종의 망명은 일제가 기를 쓰고 막으려 하는 일이었다.

'고종 황제께서 독립운동의 중심이 되어 주신다면 나라

안팎에서 독립을 위해 싸우려는 동포들이 몰려들 것이다. 제대로 된 독립 전쟁도 가능할 것이다.'

회영과 동료들의 마음에 희망의 불꽃이 튀었다. 회영은 은밀히 각계 지도자들과 접촉하며 거사를 준비해 나갔다.

회영의 아들 규학은 일찍이 고종의 조카딸을 아내로 맞았다. 비록 혼례를 올린 지 3년이 지났지만 조선에서의 신부례(*신부가 시집에 와서 처음으로 올리는 예식.)는 자연스러운 일이었기에 회영은 아무런 문제없이 신부례를 계기로 고종을 알현할 수 있었다.

일본의 강압으로 황제 자리에서 물러나고, 태자 영친왕마저 일본 왕실의 여인과 강제로 혼인을 하게 된 일 때문에 고종은 낙담해 있었다. 그런 중에 회영이 제안한 망명 계획은 이루 말할 수 없이 반가웠다.

"우당, 나의 망명이 성공한다면 그다음 계획은 무엇인가?"

회영이 떨리는 목소리로 답했다.

"폐하를 베이징으로 모셔 망명 정부를 수립하려고 합니다."

"망명 정부?"

고종이 크게 놀라며 물었다.

"예. 폐하께서 계신다면, 비록 중국에 세운 망명 정부라 하더라도 온 세계가 조선의 자주적 정부로 인정해 줄 것입니다."

회영의 당찬 포부에 고종은 고개를 끄덕였다. 일제의

삼엄한 감시 속에서 황제를 빼돌린다는 것은 너무나 위험한 일이었다. 하지만 고종의 뜨거운 신뢰와 지지에 회영은 마음 깊이 힘을 얻었다.

'보재, 자네 몫까지 싸워서 꼭 황제를 모시고 조선의 독립을 이루겠네.'

그날 밤, 회영은 보재 이상설을 떠올리며 다짐했다. 함께 고종 망명 작전을 논의하던 상설은 황제를 다시 보지 못하고 타국에서 숨을 거두었다. 피를 나눈 형제보다 가까웠던 상설의 죽음으로 회영의 투지는 더욱 비장해졌다.

그러나 1919년 1월 20일, 회영과 우국지사들의 꿈은 수포로 돌아가고 말았다. 갑작스레 고종이 사망한 것이다.

황제가 한밤중 식혜를 마신 뒤 복통을 호소하다 서거함.

호외(*특별한 일이 있을 때에 임시로 발행하는 신문이나 잡지.)에 단 몇 줄로 보도된 기사를 읽으며 회영은 머리가 멍해졌다. 악몽을 꾸는 것만 같았다. 동료들이 알아본 바로

는 고종이 서거하던 날, 덕수궁 침소를 지키던 대신은 다름 아닌 이완용이었다. 그는 을사조약에 찬성하여 나라를 일본에 넘긴 주인공이기도 했다.

"악마가 아닌들 한 나라의 황제를 어찌 벌레 죽이듯 할 수 있는가!"

회영은 분노와 슬픔을 가눌 수가 없었다. 가장 아끼던 벗에 이어 나라의 상징과도 같았던 고종까지 잃게 되자 마치 하늘이 무너지는 듯했다. 하지만 회영은 희망의 끈을 놓지 않고 조선을 떠났다. 황제의 죽음이 씨앗이 되어 온 민족이 항거할 터였기 때문이다. 바로 3.1 운동이었다. 회영은 해외에서 항일 시위의 불길을 이어 나가기 위해 베이징으로 향했다. 하지만 그것이 고국과의 영원한 이별이 될 줄은 아무도 몰랐다.

8. 아나키스트가 되어

3.1 운동은 회영을 비롯한 독립운동가들에게 큰 힘이 되었다. 해외에서도 만세 운동이 일어났고, 국민들 사이에서 독립운동의 기세가 들불처럼 번졌다. 비록 단번에 독립을 얻지는 못했지만, 온 국민이 함께 노력하면 자주독립을 쟁취할 수 있다는 희망이 되살아났다. 그 여세를 몰아 독립운동가들은 중국 상하이에 대한민국 임시 정부를 세웠다. 누구보다 나라를 위해 치열하게 싸운 이회영과 동생 이시영도 임시 정부 수립에 참여했다.

다만 한 가지 걱정되는 것이 있었다. 단 한 명의 우두머리를 중심으로 정부가 세워지면 독립운동가들이 여러 갈

래로 갈라져 싸울 것이 불 보듯 뻔했다.

"정부를 꾸리기보다는 모든 독립운동가가 평등하게 의견을 낼 수 있는 독립운동 총본부를 세우는 게 어떻겠소?"

회영은 임시 정부 회원들을 설득하려 애썼다. 하지만 각자 다른 생각을 갖고 있는 회원들의 마음을 모으기에는 역부족이었다.

'강대국이 되어 버린 일본에 맞서려면 우리의 마음부터 하나가 되어야 하는데……. 임시 정부를 세우는 일부터도 만만치 않겠구나.'

회영은 한 발짝 물러나 임시 정부를 지켜보기로 했다.

"임시 정부의 국무총리 자리에는 신채호 선생이 제격이오."

"외국 정세에 능통한 안창호가 총리가 되어야지요!"

얼마 안 있어 회영이 우려하던 일이 일어났다. 임시 정부를 이끌 국무총리를 뽑는 과정에서 회원들의 의견이 뿔뿔이 흩어져 버린 것이다. 태어나 자란 지역, 신분 등에 따라 지지하는 이유도 모두 달랐다. 심지어 회영 자신까지

국무총리로 거론되자 회영은 자리를 박차고 일어섰다.

"세상은 새로워졌건만 그대들은 아직도 옛 생각, 옛 관념 그대로이니 조선의 독립은 갈 길이 멀구려!"

회영의 깊은 생각을 이해하지 못한 사람들은 회영을 향해 날선 말들을 쏟아냈다.

"황제를 복위시키려다 실패하더니 성질머리만 나빠졌구먼!"

"자기가 국무총리가 되지 못하니 저러는 게지!"

회영은 독립을 위해 세운 임시 정부 안에서 혼탁한 권력 싸움이 일어나는 것에 분개하며 1919년 5월, 상하이를 떠나 베이징으로 돌아왔다.

임시 정부는 〈독립신문〉을 발간하고 여러 독립운동단체를 지원하는 등 독립운동의 중심이 되었지만 계속되는 분열로 결국 해산될 위기에 처했다. 반면 베이징에 있는 이회영 일가의 작은 셋방은 독립운동가들의 사랑방이 되어 갔다. 흔들리지 않는 신념과 편견 없는 관용을 지닌 회영은 독립운동가들에게 큰 의지가 되었다. 회영과 그 가족들은 정작 끼니를 거르며 힘겹게 지내면서도 자신들을 찾

아오는 가난한 독립운동가들은 융숭하게 대접했다.

상하이 임시 정부의 일로 회영은 독립운동을 하는 참된 이유에 대해 다시 생각해 보았다. 오랜 꿈대로 조선이 자주독립을 이루더라도, 만일 옛 조선의 모습과 다름없이 계급과 신분에 얽힌 사회가 된다면 아무런 기쁨이 없을 것 같았다.

"자네는 왜 조선의 독립을 원하는가?"

집으로 찾아온 독립운동가들에게 회영은 이렇게 묻곤 했다. 회영의 물음에 그들은 대부분 이렇게 대답했다.

"조국을 되찾기 위해서지요. 일제의 억압에서 벗어나 자유를 얻고 싶습니다."

"마음 놓고 내 고향 내 땅에서 자유로이 살기 위함이 아니겠습니까?"

회영의 마음도 같았다. 그가 독립을 뜨겁게 바라는 가장 큰 이유는 바로 '자유'였다. 일제의 감시와 강제 속에서 살고 싶지 않았고, 독립을 얻은 뒤에 그 어떤 구속도 없는 사회에서 살고 싶었다.

회영이 이런 심정을 나누자 누군가 말했다.

"선생님, 꼭 아나키스트 같은 말씀을 하시는군요."

아나키스트라는 말에 회영이 고개를 갸우뚱했다.

"아나키스트가 무엇인가?"

"무정부주의자라는 말입니다. 아나키스트들은 어떤 강권의 지배도 받지 않고 자유 의지에 따라 자유롭게 사는 것을 제일로 여기지요."

당시 세계는 공산주의와 민주주의와 같은 새롭고 다양한 사상들이 공존하여 몹시 혼란스러웠다. 독립운동가 사이에서도 각자가 따르는 이념이 서로 달랐다. 모든 권력과 조직을 부정하고, 개인의 의지로 자유를 찾는 '아나키즘'도 큰 호응을 얻으며 널리 퍼져 나갔다.

일본 제국주의와 나약하고 부패한 조선 정부 그리고 와해된 상하이 임시 정부에 환멸을 느낀 회영은 무정부주의에 깊이 젖어 들었다. 회영은 베이징 셋방에 찾아오는 동료들에게 때때로 무정부주의에 대해 이야기했다. 그러자 한번은 한 청년이 이렇게 비아냥거렸다.

"선생께서는 새로운 것이라면 무조건 마음에 드시나 봅니다."

아나키스트가 되어

청년의 말을 듣던 회영이 가만히 물었다.

"자네, 누가 시켜서 독립운동을 하는가?"

청년의 얼굴이 붉게 달아올랐다.

"무슨 말씀이십니까? 누구든 나라를 빼앗겼다면 자진해서 독립을 위해 싸우지 않겠습니까!"

회영은 청년을 진정시켰다. 그러고는 말했다.

"그것 보게. 자네 말대로 누구든 자유를 빼앗기면 스스로 자유를 찾아 투쟁하지 않는가? 그게 바로 무정부주의라네."

청년은 회영의 뜻을 멋대로 판단한 자신이 부끄러워 고개를 숙였다.

이후 회영은 뜻을 같이하는 무정부주의자들과 사귀며 진정한 아나키스트가 되어 갔다. 그와 뜻을 함께한 독립투사로는 신채호, 유자명, 이정규 등이 있었다. 그들은 조국과 스스로의 자유를 위해 무력 투쟁도 불사했다. 그리하여 1923년 일본 제국주의를 향한 무력투쟁 비밀조직인 '다물단'이 만들어졌다. 회영의 아들 이규학, 형 이석영의 아들

이규준 등도 동참했다.

"우리 다물단의 첫째 목표는 친일파와 일본을 위해 일하는 밀정(*남몰래 사정을 살피는 사람.)을 처단하는 것입니다. 가장 먼저 독립운동가들을 총독부에 잡아넣는 간첩, 김달하를 없애기로 합시다."

김달하는 베이징에서 활동하는 독립운동가들에게 큰 신뢰를 받던 사람이었다. 그러나 언젠가부터 그의 곁에 있던 독립운동가들이 하나둘 일본 경찰에게 체포되기 시작했다. 사실 그는 총독부의 은밀한 지시를 받고 베이징에 파견된 간첩이었던 것이다. 이 사실이 밝혀지자 회영을 중심으로 한 다물단원들은 지체 없이 김달하를 찾아가 처단했다.

"중국 정부에서 일하는 김달하를 죽인 이회영은 나오시오!"

그러나 이러한 사정을 알 리 없는 중국의 경찰들은 회영을 범죄자로 여겨 추궁하기 시작했다. 난처하게도 간첩 김달하는 중국 정부에서 벼슬을 받은 적이 있었던 것이다. 이 일로 회영의 딸 이규숙이 체포되어 문초를 받았고, 회

영과 가족들은 며칠 동안 집 밖으로 한 발짝도 나서지 못하는 신세가 되어 버렸다.

엎친 데 덮친 격으로 회영에게 또 다른 시련이 밀어닥쳤다. 가뜩이나 가난에 시달리던 중에 이런 일을 당한 데 이어, 열흘도 못 되는 사이에 회영의 두 살배기 막내아들과 두 손녀가 병으로 세상을 떠났다. 여기에 김달하가 간첩이었다는 사실을 몰랐던 아내 이은숙의 실수도 겹쳤다. 평소 김달하의 부인과 알고 지내던 탓에 그의 장례식에 조문을 간 것이다. 회영이 김달하를 처단한 다물단을 이끈 사실을 미처 몰랐던 독립운동가들이 비난을 쏟아 냈다. 그리고 얼마 뒤 회영의 셋방으로 편지가 한 통 도착했다. 그의 오랜 벗들이 보낸 절교 편지였다.

우당, 자네의 마음이 약해질 줄 몰랐네.
아무리 가난과 굶주림에 괴로웠다 해도 어찌 총독부의 끄나풀과 손을 잡는단 말인가?
이제 우리는 자네와의 우정을 끝내겠네.

은숙은 속이 끓었다. 이토록 사소한 일로 평생을 독립에 몸 바친 남편을 의심하는 사람들이 야속하기만 했다. 남편을 매국노의 친구로 오해하며 비방하는 사람들을 찾아가 은숙은 담판을 지었다.

"진실이 밝혀졌는데도 우리 영감을 모함하다니, 어찌 이럴 수가 있소!"

은숙은 저고리 품에 칼을 품고 가 식탁에 내리꽂았다. 그 자리에 있던 사람들은 은숙의 서슬 퍼런 기개에 놀라 사죄했다.

"잘못했소. 우리가 잘못 알았소."

그들은 그제야 오해를 풀고 얼굴을 붉혔다. 회영 하나만을 바라보고 거친 중국 땅에서 조국의 독립을 기다리다 보니, 은숙 또한 어느새 투사가 되어 있었다. 회영은 자칫하면 목숨도 잃을 수 있는 이국 땅에서 이토록 강하게 버텨 주는 아내가 고맙기만 했다.

"서방님, 저는 조선에 잠입해 독립운동자금을 모아 보겠습니다. 아이들도 이제 다 컸고, 더 이상 중국에서 낭비할 시간이 없습니다. 서방님을 돕는 데 조금이라도 힘을

보태고 싶습니다."

어느 날 아내가 회영에게 말했다.

"어찌 연약한 아녀자의 몸으로······."

아내를 말리려던 참에 회영은 은숙의 얼굴을 들여다보았다. 이제 더 이상 아내는 '이회영의 부인'이 아니었다. 어느덧 그녀는 어엿한 한 명의 독립운동가였다. 회영은 차마 아내를 붙잡을 수가 없었다.

"당신의 뜻이 굳었다면 말리지 않으리다. 다만 꼭 살아서 만납시다."

회영은 은숙을 뜨겁게 끌어안았다. 한 번 국경을 넘었다가는 평생 다시 만나지 못할 수도 있었다. 달 밝은 밤, 베이징의 작은 셋방에서 부부는 그렇게 작별을 고했다.

반역자 김달하를 벌한 것이 다물단원들이라는 사실이 밝혀지자 중국 안팎에서 청년들이 모여들었다.

"우당 선생님, 저도 힘을 보태고 싶습니다."

"우리 아들딸들에게 독립된 조선을 밟게 해 주고 싶습니다!"

회영의 마음에 한 줄기 빛이 스며들었다. 견고하기만 하던 일본이라는 벽에 조금씩 금이 가는 것 같았다. 독립을 염원하는 젊은이들의 눈에서 희망이 반짝였다. 회영을 찾아온 모두가 작은 아나키스트들이었다.

9. 항일구국연맹의 불길

 아내가 조선으로 떠난 뒤 회영은 일제의 감시를 피해 중국 톈진으로 향했다. 베이징의 작은 단칸방을 둘째 형 석영에게 내어 주고 홀로 떠난 것이다. 한때 회영의 가문은 걸어도 걸어도 가문 소유의 땅을 벗어나지 못할 만큼 광활한 토지와 재산을 갖고 있었다. 그러나 독립을 위해 팔을 걷어붙이면서 모든 재산을 쏟아부어, 이제는 길가의 걸인이나 다름없었다.

 "천하에 어찌 자기 먹고살 길도 해결하지 못하는 혁명가가 있단 말이오?"

 친일파들이 가난한 독립운동가들을 회유할 때 흔히 꺼

내는 말이었다. 당장 가족들을 먹여 살릴 힘이 없었던 많은 독립운동가들이 이 한마디에 흔들려 독립운동을 포기했다. 하지만 이회영과 그의 형제들은 하루에 한 끼도 제대로 먹지 못하는 가난 속에서 꿋꿋이 버텨 냈다.

"우당, 조선 국민들 사이에 독립을 향한 열망이 빠르게 식어 가고 있네."

"아니, 그게 무슨 말인가? 어찌 독립을 포기한단 말이야?"

조선에서 톈진으로 건너온 친구의 말에 회영이 벌떡 일어났다.

"3.1 운동 후에도 독립은커녕 총독부의 수탈만 심해졌어. 앞장서서 독립을 외치던 애국지사들은 총독부가 돈으로 회유했지. 이제 조선에서는 친일파가 떵떵거리며 살고 독립운동가들은 모든 걸 잃고 거리에 나앉는다네. 나라 돌아가는 모습이 이러하니 국민들이 독립을 포기하지 않겠는가."

그날 밤 회영은 끓어오르는 눈물에 잠을 이루지 못했다. 국민들의 마음속에 독립의 희망이 사라진다면 기적처럼 독립이 찾아온다 해도 결코 자랑스럽지 않을 것이다.

목숨으로 나라를 지키려 한 벗들과 후손들의 낯을 볼 수도 없을 것이다. 회영은 차가운 단칸방 바닥에 무릎을 꿇고 눈물로 두 손을 적셨다. 모은 두 손은 하늘을 향했다.

"하느님, 부디 조선에 자유를 주십시오. 독립의 불길이 다시 한 번 조선 땅을 사로잡게 해 주십시오."

그러던 어느 날이었다. 회영은 아나키스트 동지들과 함께 모여 이야기를 나누고 있었다. 저녁 시간이었지만 식탁 위엔 떡 몇 조각이 전부였다. 지치고 주린 몸을 가누기조차 어려웠으나 그들은 독립을 이야기하며 서로를 격려했다. 그때였다. 누군가 대문을 두드렸다.

"계십니까?"

회영과 동지들은 자리에서 벌떡 일어났다. 일본 관군이 소식을 듣고 톈진까지 온 것일 수도 있었다. 그들은 회영을 옆방으로 숨기고 의심받지 않을 만한 청년들을 대문으로 보냈다. 그런데 잠시 후 청년들이 활짝 핀 얼굴로 낯선 인물을 데리고 들어왔다.

"우당 선생님, 나와 보십시오. 이광 선생이 왔습니다."

양복을 말끔하게 차려입은 이광은 고개를 깊이 숙여 인사했다.

"우당 선생님, 오랜만입니다."

회영은 눈이 휘둥그레졌다. 한때 회영과 함께 신민회로 활동하고 신흥무관학교를 운영했던 이광을 다시 만나게 된 것이다.

이광은 잘생기고 훤칠한 청년이었다. 그는 일찍이 일본과 중국에서 공부한 엘리트로, 지금은 중국 정부에서 일을 하고 있었다.

"일 년 동안 소식을 알 수 없더니, 이게 웬일이오?"

"그동안 제가 할 수 있는 일을 찾아보았습니다. 지금이 제가 나설 때인 듯 싶어 왔습니다."

이광은 수 년 동안 모아 온 돈과 중국의 인사들을 설득해 얻은 자금을 회영과 독립운동가들을 위해 내어놓았다. 거사를 준비하기에 충분한 돈이었다. 이광과 회영은 뿔뿔이 흩어져 있던 독립운동가들을 모아 의거를 준비했다. 청년 나석주가 몸을 던져 나서기로 했다.

'하느님이 내 기도를 들어 주셨구나.'

회영은 이광의 도움으로 거사에 쓰일 폭탄과 권총을 샀다. 이 폭탄을 들고 나석주가 서울 중심에 있는 동양 척식 주식회사와 식산 은행을 폭파할 예정이었다. 동양 척식 주식회사는 조선 국민들의 재산과 토지를 빼앗는 일을 했고, 식산 은행은 이렇게 강탈한 조선의 살림살이로 일본의 전쟁 자금을 대는 은행이었다. 다시금 독립의 불씨를 되살릴 기회가 생긴 것이다.

회영과 동지들은 얼마 뒤 다시 모임을 가졌다. 나석주에게 폭탄을 건네주고 작별 인사를 하기 위해서였다. 방 한구석에서 어른들의 이야기를 듣던 회영의 어린 아들 규창이 폭탄이 든 가방을 멀찍이 바라보며 말했다.

"그 안에 뭐가 들었어요?"

"너는 알 거 없다, 녀석아."

백정기가 쓴웃음을 지으며 말했다.

"위험한 거죠? 저도 다 알아요."

당돌한 규창의 말에 차가운 침묵이 흘렀다. 나석주의 의거가 크게 성공한다 해도 그가 살아남을 확률은 거의 없었다. 의거 직후 일본 경찰에 끌려가 고문으로 생을 마감

하거나 수치를 피하기 위해 스스로 자결을 선택할 것이기 때문이다. 회영과 동지들의 볼에 눈물이 흘렀다.

"왜들 이러십니까? 나라를 위해 목숨을 버릴 수 있다면 저는 저승에 가서도 자랑할 것입니다. 그러니 모두 즐겁게 식사를 하십시다."

나석주는 마음을 추스르며 동지들을 위로했다. 모두들 눈물을 삼키며 마지막 저녁을 함께했다.

1926년 12월 28일, 나석주는 계획대로 동양 척식 주식 회사와 식산 은행에 폭탄을 던졌다.

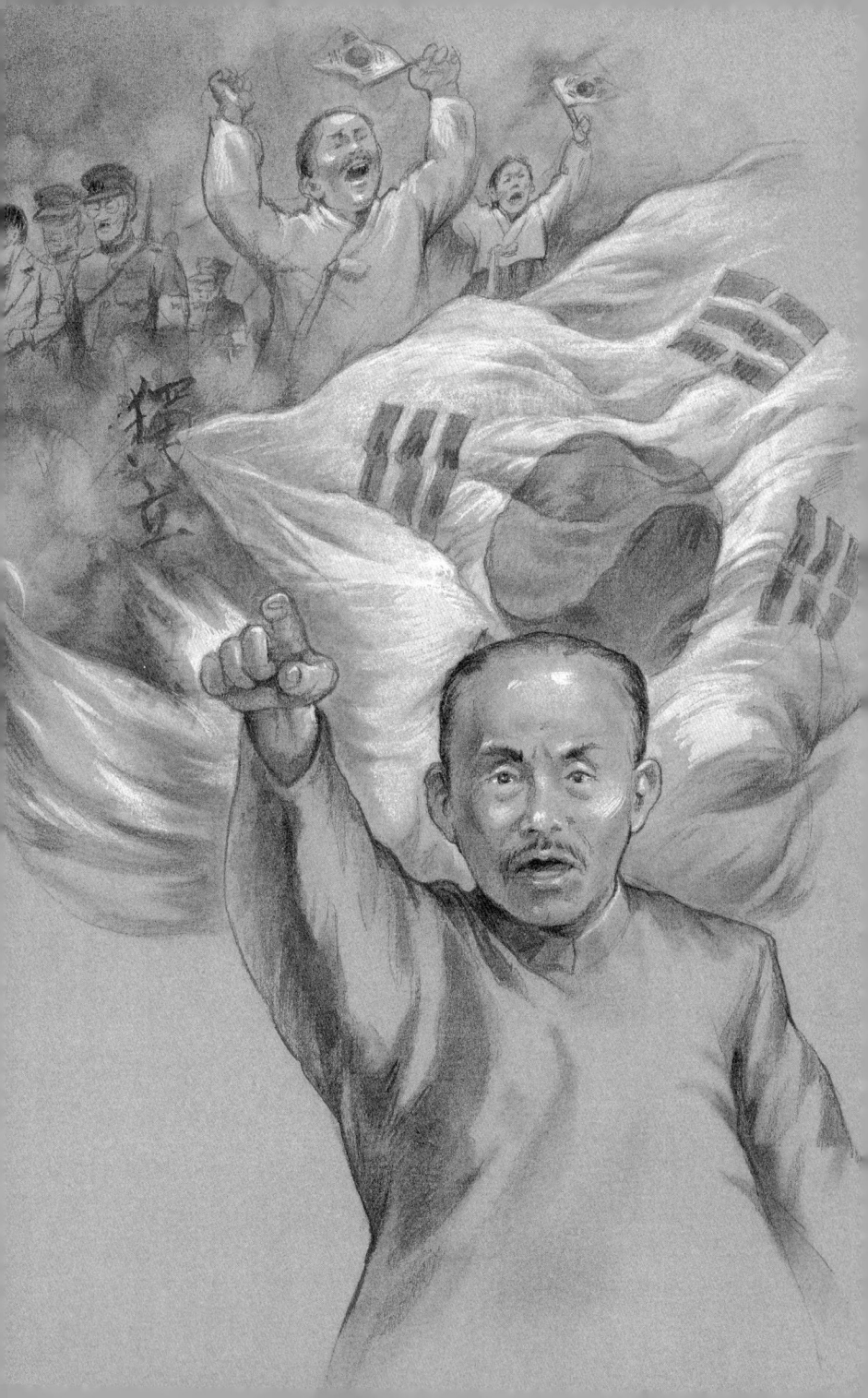

콰쾅!

도심이 커다란 폭음으로 흔들렸다. 이윽고 나석주의 목소리가 크게 울렸다.

"대한 독립 만세!"

나석주는 의거 직후 갖고 있던 권총으로 스스로 목숨을 끊었다. 큰 타격은 입히지 못했지만 일본이 받은 충격은 어마어마했다. 이 사건을 계기로 국민들의 가슴속에 잠들어 있던 독립의 희망이 새로이 눈을 떴다.

이후 조선 총독부는 사건의 배후를 찾아 중국을 이 잡듯이 뒤졌다. 당연히 평소 나석주와 가까이 지낸 회영도 의심을 받았다. 그러자 회영은 일본의 감시를 피해 상하이로 몸을 피했다.

"우당! 잘 돌아왔네."

"형님, 이게 얼마만입니까!"

회영은 10여 년 만에 상하이 임시 정부 동지들을 다시 만났다. 그중에는 소중한 혈육인 동생 이시영도 있었다.

"모두 잘 버텨 주었네, 잘 버텨 주었어!"

회영은 오랜 시간 포기하지 않고 임시 정부를 이끈 동지

들이 너무나도 고마웠다. 회영이 돌아왔다는 소식이 퍼지자 이곳저곳에서 독립운동가들이 모여들었다.

"이제 일본은 조선을 넘어 중국을 탐내고 있습니다. 얼마 전 일어난 만주 사변으로 중국인뿐 아니라 우리 독립군도 큰 피해를 입었습니다. 이제 우리도 무력으로 저항할 때입니다."

어느덧 한마음으로 모인 독립운동가들과 함께 회영은 '항일구국연맹'을 조직했다.

항일구국연맹은 일제의 앞잡이가 된 반역자들을 처치하고, 중국에 있는 일본의 정치 기관을 폭파했다. 특히 항일구국연맹 회원들이 모여 만든 '흑색공포단'은 이름 그대로 일본인들에게 커다란 공포를 심어 주었다.

텐진에 있는 일본 영사관 폭파 시도!
흑색공포단 소행으로 보여

중국 신문에는 하루가 멀다 하고 흑색공포단의 소식이 오르내렸다. 중국에 있던 일본인뿐 아니라 바다 건너 조선

을 강점한 총독부 역시 흑색공포단의 이름에 벌벌 떨었다.

"대한 독립 만세! 대한 독립 만세!"

흑색공포단의 즉각적인 무력 투쟁은 억눌려 있던 독립운동가들의 가슴을 뜨겁게 덥혔다. 그리고 얼마 후 이봉창과 윤봉길의 의거가 이어졌다. 이봉창은 일왕 제거를 시도했고, 윤봉길은 홍구공원에서 일본 정치인들을 향해 도시락 폭탄을 던졌다. 두 사람 모두 그 자리에서 일본군에게 체포되어 죽음을 맞았지만, 그들의 의로운 죽음은 모든 조선 국민들의 가슴에 희망의 불꽃을 남겼다.

"남아 있던 독립운동가들이 중국에서 이름을 떨치고 있다고 합니다. 그 유명한 흑색공포단 말입니다."

"망명 운동가들이 목숨을 걸고 독립을 위해 싸우는데 우리도 일어나야 합니다!"

독립의 열망은 상하이에 있던 회영에게도 전해졌다. 가장 어두운 밤이 지나야 비로소 새벽 해가 뜬다 했던가? 대한 독립의 희망이 다시 떠오르는 것 같았다.

회영은 항일구국연맹 동지들을 모아 놓고 선언했다.

"내가 만주로 가겠소. 이 여세를 몰아 일본군 사령관을

처단해야만 하오."

모두가 나서서 회영을 말렸다.

"우당! 만주에 있는 일본인이란 일본인은 모두 자네를 노리고 있어. 독립의 희망인 자네가 죽기라도 했다가는 지금까지 싸워 온 것이 모두 물거품이 되네."

"지금이 아니면 다시는 독립을 쟁취할 기회가 없을지도 모릅니다. 목숨을 빼앗기더라도 그 역시 한 줌의 희망이 될 것입니다. 이 늙은 몸이 독립의 불길을 당길 수 있다면 백 번이라도 죽을 것입니다."

누구도 회영의 결심을 꺾을 수 없었다. 회영은 마지막을 예감하며 상하이를 떠날 채비를 했다. 수십 년이 지나 빈털터리가 된 회영이었다. 튼튼하고 기품이 넘치던 그는 어느새 앙상하게 여윈 노인이 되어 있었다. 그러나 그의 심장은 어느 때보다도 세차게 뛰고 있었다.

10. 여순 감옥의 밤

　상하이를 떠나는 회영을 말리던 아들 규창의 눈에서 뜨거운 눈물이 차올랐다. 회영도 똑같이 가슴이 미어졌지만, 만류하는 아들에게 냉정하게 말했다.
　"조선의 아들로 태어나 조선을 위해 목숨을 버리는 것이 어찌 아깝다는 것이냐? 하늘이 내게 백 개의 목숨을 주셨다 해도 나는 그 전부를 내 조국을 찾는 데 바쳤을 것이다!"
　그러고는 회영은 아들 규창을 으스러지도록 껴안았다. 다시는 볼 수 없을지도 모르는 아들의 몸을 한참 쓰다듬었다.

이른 새벽, 회영은 나머지 가족들에게 편지를 남기고 집을 나섰다. 규창이 상하이 항구까지 함께했다.

"우당 선생님, 배에 오르시지요."

회영을 기다리던 동지들이 그를 배로 안내했다. 자욱이 낀 바다 안개 사이로 커다란 배 한 척이 자리하고 있었다.

"규창아, 가족들과 형님들을 부탁한다."

"걱정 마십시오, 아버지."

아들과 아버지는 더는 말을 잇지 못했다. 회영은 뒤를 돌아보지 않고 그대로 배에 올랐다. 얼마 뒤 배는 짙은 연기를 내뿜으며 항구를 출발했다.

"부디 몸조심하십시오, 아버지……."

규창은 수평선 너머로 멀어져 가는 배를 하염없이 바라보았다.

"만주다! 도착했다!"

갑판 위에 있던 사람들이 일제히 소리쳤다. 오랜 항해 끝에 드디어 만주에 닿은 것이다. 회영이 객실에서 나왔다. 코끝에 광활한 만주의 바람이 부딪쳤다.

'조국을 떠나 처음 정착한 이곳에 다시 오게 됐구나. 나의 두 번째 고향, 만주여…….'

회영은 깊은 감회에 젖었다. 처음 독립운동을 시작한 만주에서 이번에야말로 투쟁의 여정을 끝내고 조국의 독립을 보겠노라 다짐했다. 이윽고 선원들이 항구로 계단을 내렸다. 수많은 인파와 함께 회영은 떨리는 마음으로 한 발, 한 발 걸음을 내디뎠다. 단 몇 걸음이면 만주 땅을 밟을 수 있었다.

"이회영 선생이 맞소?"

그때 일본인으로 보이는 사내들이 회영을 가로막았다. 회영은 놀랐지만 의연하게 대답했다.

"그렇소."

일본인들은 회영을 군중 밖으로 끌어내더니 물었다.

"무슨 목적으로 만주에 온 거요?"

"만주에 있는 가족들을 만나러 왔소."

회영의 대답을 듣던 일본인들이 와하하 웃었다.

"거짓말! 우당, 그대가 독립운동을 위해 만주에 왔다는 보고가 있소."

회영의 심장이 차갑게 얼어붙었다. 누군가 회영이 만주로 떠난다는 소식을 일본 군부에 흘린 것이다. 사내들은 곧바로 회영을 체포했다. 그렇게 회영은 만주 땅에 내려서자마자 차가운 여순 감옥으로 끌려갔다.

 만주에 있는 여순 감옥은 중국에서 활동하던 수많은 독립운동가들을 죽음에 이르게 한 곳이었다. 이토 히로부미를 총으로 쏘아 죽인 안중근 의사도 여순 감옥에서 생을 마감했다. 동에 번쩍, 서에 번쩍하며 독립운동을 이어 온 회영은 일본이 첫 번째로 노리던 인사였다.

 "이놈을 형틀에 묶어라!"

 굶주림과 고생으로 뼈만 앙상한 회영의 몸이 높은 형틀에 묶였다.

 "지금까지 네가 한 짓을 인정하면 고문은 면하게 해 주겠다. 군사 학교를 세우고, 흑색공포단을 뒤에서 지휘한 게 네놈이지?"

 회영은 동지들의 목숨을 위해 굳게 입을 다물었다. 시뻘건 숯 아래로 달궈지고 있는 인두에도 아랑곳하지 않았다. 긴 실랑이 끝에 여전히 회영이 침묵을 지키자 일본 경

찰이 화가 나 소리쳤다.

"이놈의 몸을 지져라!"

예순여덟의 노쇠한 몸은 잔혹한 고문에 금세 으스러졌다. 회영은 정신을 잃기 전에 단말마처럼 소리쳤다.

"나를 백 번, 천 번 죽인다 하여도 대한의 독립이 다가오는 것을 막을 수는 없을 것이다!"

1932년 11월 17일, 우당 이회영은 여순 감옥에서 그렇게 눈을 감았다.

몰래 조선에 들어와 삯바느질로 한 푼, 두 푼 독립운동 자금을 모으던 회영의 아내는 남편의 편지를 항상 품에 넣고 다녔다. 만주로 떠나기 위해 배에 올랐다는 편지였다.

'서방님의 거사 날이 한참 지났는데 왜 아무런 소식이 없을까?'

날이 갈수록 아내 이은숙의 걱정은 커져만 갔다. 그리고 1932년 11월 어느 날, 신문 한 귀퉁이에 불길한 기사가 실렸다.

**배에서 내리자마자 경찰에 잡혀 취조 중
유치장 창살에 목매 죽은 이상한 노인.**

청년들은 신문을 들고 은숙을 찾아왔다.
"지금 한양에는 우당 선생이 여순 감옥에서 돌아가셨다는 소문이 파다합니다. 아무래도 이 기사가……."
은숙은 바들바들 떨리는 손으로 신문을 읽어 내려갔다. 그녀는 고개를 가로저었다.
"아닐 것이다. 우당께서는 목숨을 함부로 버리실 분이 아니다."
은숙은 이를 악물고 도리질했다. 자신의 지아비는 고문을 참다 쓰러져 죽을지언정 독립을 이루기 전에 스스로 목숨을 버릴 사람이 아니었다. 그러나 얼마 후, 우당의 동료을 통해 그의 가족들에게 저승사자 같은 소식이 도착했다.

이회영의 가족들은 여순으로 와서 시신을 거두어 가시오.

믿을 수 없는 소식에 은숙과 가족들은 한달음에 만주 여순으로 달려갔다. 차가운 시체 보관소에는 처참한 모습으로 굳어 버린 회영의 시신이 누워 있었다. 회영의 딸 규숙이 가장 먼저 아버지의 시신을 확인했다. 회영의 온몸에는 멍과 핏자국이 가득했다.

"감히 죄 없는 내 아버지를 고문하여 죽이다니, 당신들이 사람이오?"

규숙이 몸부림치며 저항했지만 일본 순사들은 굳게 입을 닫고 규숙을 끌어냈다. 규숙이 여순 감옥에서 들은 말은 한마디뿐이었다.

"시신은 내일 화장할 것이니, 그렇게 아시오."

일본은 조선 독립의 심장이나 마찬가지인 회영을 고문으로 죽인 사실을 전할 수가 없었다. 그랬다가는 분노한 조선 백성들이 봉기를 일으킬 염려가 있었기 때문이다. 그래서 일본은 회영이 감옥에서 스스로 목숨을 끊었다는 거짓 소문을 퍼뜨리고, 서둘러 시신을 화장하려 했다.

회영이 세상을 떠났다는 소식에 나라 안팎에서 은밀히 독립운동을 하던 애국지사들과 동지들은 깊은 슬픔에 빠

졌다. 그렇게 조선의 국운은 해가 뜨지 않는 밤이 이어지는 듯했다.

독립은 갑자기 찾아왔다. 1945년 8월 15일의 일이었다. 아시아를 향한 야욕을 드러내던 일본에 연합군이 원자 폭탄을 투하한 것이다. 수많은 애국지사의 피와 목숨으로도 얻을 수 없었던 해방은 단 두 개의 원자 폭탄으로 덜컥 닥쳐왔다.

광화문과 종로 일대에 새하얀 태극기들이 나부끼고 있었다. 수십 년간 꿈에서만 그리던 풍경이었다. 그러나 회영의 동생 이시영은 고개를 들 수가 없었다.

"형님, 드디어 나라를 되찾았습니다. 하지만……."

꿈에 그리던 해방을 맞은 뒤, 조국으로 돌아온 회영의 혈육은 20명도 채 안 되었다. 50명이 넘는 대가족이 독립을 위해 만주로 떠났지만 대부분이 일제의 모진 탄압으로 목숨을 달리했기 때문이다. 여섯 형제 중 오직 회영의 동생 시영만이 독립을 맞이할 수 있었다. 그러나 시영은 조선 국민의 힘으로 독립을 쟁취하지 못했다는 사실에 죄책

감이 앞섰다.

"대한 독립 만세! 대한 독립 만세!"

그때 거리로 뛰어나온 사람들의 함성 소리가 들렸다. 종로가 흰옷을 입은 국민들로 터질 듯 가득 찼다. 남녀노소 신분을 막론하고 한양 사람들 모두가 나온 것 같았다. 시영의 눈이 번득였다. 국민들 한 명, 한 명의 얼굴에서 회영의 모습이 비쳤기 때문이다.

'그래, 우리는 더욱 당당히 고개를 들어야 한다. 형님의 죽음이 있었기에 오늘의 독립은 후손들에게 백 번, 천 번 떳떳하다!'

시영은 두 팔을 들어 대한 독립 만세를 외쳤다. 굴곡 많은 시절을 닮은 주름을 타고 눈물이 흘러내렸다. 그날, 태극기가 펄럭이는 모든 곳에 회영의 발자국과 눈물이 깃들지 않은 곳이 없었다.

역사인물 돋보기

이회영 (1867~1932)

독립운동에 가문의 전 재산을 바친 이회영은 어떤 시대에 살았으며 꺼져 가는 독립에 대한 희망의 불씨를 어떻게 되살릴 수 있었을까? 우리 역사 속 '노블레스 오블리주'의 상징, 이회영의 삶을 구석구석 살펴보자!

1. 이회영은 어떤 시대에 살았을까?

국모를 잃은 슬픔

1895년 10월 8일, 동이 틀 무렵에 한 무리의 일본인들이 경복궁에 침입했습니다. 그들은 경복궁을 쑥대밭으로 만들며 휘젓고 다니다 명성 황후가 머무는 옥호루로 몰려갔습니다. 그곳에서 명성 황후를 살해하고 장례조차 치를 수 없도록 시신을 불태웠습니다. 일본은 이 모든 일들을 비밀에 부치려고 했으나, 현장을 목격한 서양인들에 의해 일본의 만행은 온 세상에 알려지게 되었습니다.

명성 황후의 장례식 위키미디어

헤이그 비밀 특사

1905년 일본은 대한 제국의 외교권을 빼앗기 위해 강압적으로 을사조약을 체결했습니다. 우리 민족의 동의 없이 체결된 조약에 분노한 고종은 1907년 이상설, 이준,

이위종을 네덜란드 헤이그에서 열리는 제2회 만국평화회의에 특사로 파견해 일본의 부당한 위협과 압박을 세계에 알리고자 했습니다. 그러

헤이그 비밀 특사(왼쪽부터 이준, 이상설, 이위종)
위키미디어

나 집요한 일본의 방해로 우리나라 대표들은 발언할 기회조차 얻지 못하고 다시 돌아와야만 했습니다.

고종의 서거

헤이그에 비밀 특사를 파견한 사실이 알려지자 일본은 고종에게서 황제 지위를 박탈했습니다. 이후 고종은 덕수궁에서 쓸쓸한 삶을 보내다 1919년 1월 21일, 숨을 거두었습니다. 갑작스러운 고종의 죽음에 일본이 연관되어 있을지도 모른다는 가능성이 제기되면서 항일 감정은 날이 갈수록 거세졌습니다. 그리고 고종의 장례가 있던 3월에 3.1 운동이 일어났습니다.

2. 쏙쏙! 키워드 지식 사전

을사오적

일본이 조선을 감시하는 기관인 통감부의 초대 통감이었던 이토 히로부미는 대한 제국 대신들에게 사실상 주권을 포기하는 의미를 갖는 을사조약에 찬성할 것을 강요했습니다. 총 9명의 대신 가운데 5명이 찬성하여 조약이 체결되었고, 이들은 '조국을 왜적에게 팔아먹은 매국노'라는 뜻으로 '을사오적'이라고 불리게 되었습니다.

을사조약에 찬성한 이완용 위키미디어

희망의 땅, 만주 삼원보

1910년 결국 일본에 나라를 빼앗기게 되자 대한 제국의 많은 지식인들은 일본의 감시 아래에 놓인 한반도보다 나라 밖에서 청년들을 교육하고 훈련시킬 수 있는 독립운동 기지를 건설하고자 했습니다. 평안북도보다 훨씬 북쪽에

위치하여 기후가 춥고 토양이 척박하다는 단점에도 불구하고 만주 삼원보는 희망을 잃지 않은 독립운동가들이 모여들며 독립운동의 중심지가 되었습니다.

여순 감옥

한반도에서 서해만 건너면 닿을 수 있는 중국 여순 시에 자리하고 있습니다. 1902년 러시아가 중국인들을 제압하려는 목적으로 건축한 감옥이지만 러일 전쟁에서 일본이 승리한 이후부터는 주로 한국인, 중국인, 러시아인 등이 수감되었습니다. 일본은 우리나라의 독립운동가들과 항일 우국지사들을 닥치는 대로 체포하여 이곳에 수감하였고 온갖 고문을 가했습니다. 안중근, 신채호, 이회영 등 수많은 독립운동가들이 이곳에서 조국의 독립을 보지 못한 채 눈을 감았습니다.

여순 감옥에서 순국한 안중근 의사 위키미디어

3. 독립의 희망을 쏘아 올린 항일 단체

신민회

대한 제국을 완전한 식민지로 만들기 전까지 일본은 수많은 악법들을 만들어 우리 민족의 계몽 운동을 탄압했습니다. 어두운 시대 속에서도 희망을 잃지 않은 독립운동가들이 1907년 국권을 되찾기 위해 비밀리에 조직한 최초의 단체가 바로 신민회입니다.

신민회의 주요 인사들(왼쪽부터 김구, 안창호, 윤치호) 위키미디어

항일구국연맹

1931년 중국 상하이에서 조직되었습니다. 제도화된 정치 조직과 권력을 부정하는 아나키스트들이 모여 만든 이 단체에는 이회영을 비롯한 한국인과 중국인 그리고 일본인이 두루 속해 있었습니다. 일본의 각종 시설들을 파괴하고, 친일 인사들을 응징하는 데 목표를 두었습니다.

흑색공포단

항일구국연맹이 계획한 일을 실행에 옮기기 위해 조직된 행동대입니다. 조직된 지 불과 며칠 사이에 중국의 친일 인사를 저격하고 일본의 수송선을 폭파시키며 신속한 행동력으로 많은 일본인들을 두려움에 떨게 만들었습니다.

4. 근대에서 현대로

기독교의 평등사상

기독교가 조선에 처음 유입되었을 당시, 사람들은 종교로서가 아니라 학문적 호기심을 가지고 서구 문물의 하나로 받아들였습니다. 하지만 모든 인간은 평등하다는 가르침을 전하며 18세기 후반부터 가난으로 고통받는 사람들과 권력에서 소외된 사람들을 중심으로 널리 신봉되기 시작했습니다.

단발령

1895년 성인 남자들의 상투를 자르게 하는 '단발령'이 발포되었습니다. 위생에 이롭고 작업에 편리하다는 이유에서였습니다. '부모에게 물려받은 신체와 머리털, 살갗은 상하게 할 수 없다.'는 유교의 가르침을 익혀 왔던 백성들은 크

게 반발했지만, 고종과 각부 관료들을 시작으로 단발령은 조금씩 조선 사회에 스며들었습니다.

5. 생생하게 만나는 이회영의 얼과 숨결

우당 기념관

조선의 독립을 소망하는 이들이라면 누구든지 환영했던 이회영의 호는 '벗들의 모임터'라는 뜻을 지닌 '우당(友堂)'이었습니다. 그리고 1990년 가문의 전 재산을 바쳐 독립군을 길러 낸 그의 희생과 헌신을 기리는 '우당 기념관'이 설립되었습니다. 서울시 종로구 신교동에 위치한 우당 기념관에서는 이회영의 친필 편지뿐만 아니라 그가 독립운동가로 활동했던 당시의 사진, 그와 뜻을 함께한 아나키스트들의 초상화 등 민족의 독립을 위해 싸운 여러 위인들의 발자취를 찾아볼 수 있습니다.

우당 기념관에 전시된 이회영의 흉상
우당 기념관 제공

우당 기념관 홈페이지 http://www.woodang.or.kr/

6. 한눈에 보는 이회영의 발자취

1867년 서울시 중구 저동에서 이조 판서 이유승의 넷째 아들로 태어났습니다.

1896년 항일 의병을 경제적으로 지원하기 위해 삼포 농장에서 인삼을 길렀습니다.

1905년 을사조약 체결에 찬성한 을사오적의 암살을 계획했으나 실패했습니다.

1907년 최초의 독립운동 비밀 단체인 신민회를 조직하여 학교와 서점을 세우고 신문을 발행했습니다.

1910년 가솔을 이끌고 만주 삼원보로 망명했습니다.

1911년 독립군을 키우는 군사 학교인 신흥강습소를 설립했습니다.

1919년 고종의 죽음으로 베이징에 망명 정부를 수립하려 한 계획이 좌절되었습니다.

1931년 항일구국연맹과 흑색공포단을 조직하여 독립운동에 앞장섰습니다.

1932년 의거를 실천하기 위해 도착한 만주에서 일본 경찰에게 체포되었습니다. 이후 여순 감옥으로 이송된 뒤, 모진 고문 끝에 세상을 떠났습니다.

1990년 서울시 종로구 동숭동에 우당 기념관이 설립되었으며, 2001년 신교동으로 이전되었습니다.

역사를 바꾼 인물들은 도전과 열정으로 역사를 바꾼 인물들의 일생을 만날 수 있는 시리즈로 아이들의 마음밭에 내일의 역사를 이끌어 갈 소중한 꿈을 심어 줍니다.

❶ **이순신**, 거북선으로 나라를 구하다   박지숙 | 학교도서관사서협의회 추천도서
❷ **김구**, 통일 조국을 소원하다   박지숙 | 학교도서관사서협의회 추천도서
❸ **루이 브라이**, 손끝으로 세상을 읽다   마술연필 | 학교도서관사서협의회 추천도서
❹ **세종 대왕**, 세계 최고의 문자를 발명하다   이은서 | 〈국어〉 교과서에 작품 수록
❺ **정약용**, 실학으로 500권의 책을 쓰다   박지숙 | 학교도서관사서협의회 추천도서
❻ **민병갈**, 파란 눈의 나무 할아버지   정영애 | 아침독서 추천도서
❼ **이회영**, 전 재산을 바쳐 독립군을 키우다   이지수 | 〈국어〉 교과용 지도서에 작품 수록
❽ **노먼 베쑨**, 병든 사회를 치료한 의사   이은서 | 학교도서관사서협의회 추천도서
❾ **장영실**, 신분을 뛰어넘은 천재 과학자   이지수 | 학교도서관사서협의회 추천도서
❿ **마틴 루서 킹**, 나에게는 꿈이 있습니다   이지수 | 아침독서 추천도서
⓫ **신사임당**, 예술을 사랑한 위대한 어머니   황혜진 | 학교도서관사서협의회 추천도서
⓬ **헬렌 켈러**, 사흘만 볼 수 있다면   황혜진 | 어린이철학교육연구소 선정도서

이지수   서울에서 태어났으며 숙명여자대학교에서 불어불문학을 공부했습니다. 2009년 서울시 주최 '해치 창작동화' 공모전과 2011년 환경부 주최 '나무로 만든 동화' 공모전에 동화가 당선되어 창작 활동을 시작했고, 오랫동안 아동청소년문학 전문 기획 및 편집자로 활동하며 어린이와 청소년을 위해 유익하고 감동적인 책을 펴냈습니다. 『이회영, 전 재산을 바쳐 독립군을 키우다』는 처음 쓴 아동청소년용 평전으로, 일제 강점기에 전 재산을 바쳐 독립군을 길러 낸 우당 이회영의 삶을 담은 책입니다.

원유미   1968년 서울에서 태어나 서울대학교에서 산업디자인을 공부했습니다. 초등학교 〈국어〉 교과서에 실린 동화 「우리는 한 편이야」의 그림을 그렸으며, 그린 책으로 『나와 조금 다를 뿐이야』, 『우리는 한편이야』, 『역사 거울, 형제자매를 비추다』, 『너무라는 말을 너무 많이 써!』, 『초대장 주는 아이』, 『몰라쟁이 엄마』, 『이회영, 전 재산을 바쳐 독립군을 키우다』 등이 있습니다.

역사를 바꾼 인물들 7

이회영, 진 재산들 바쳐 독립군을 길러낸 거상

초판 1쇄 2015년 6월 5일 | 종판 3쇄 2022년 6월 25일

지은이 이수광
그린이 원유미
펴낸이 신형건
펴낸곳 (주)푸른책들 · 임프린트 프롬북스
등록 제321-2008-00155호
주소 서울특별시 서초구 양재천로7길 16 푸르니빌딩 (우)06754
전화 02-581-0334~5 | 팩스 02-582-0648
이메일 prooni@prooni.com | 홈페이지 www.prooni.com
인스타그램 @proonibook | 블로그 blog.naver.com/proonibook

ⓒ (주)푸른책들, 2015

ISBN 978-89-6170-499-1 74990

*잘못된 책은 구입한 곳에서 바꾸어 드립니다.
*이 책 내용의 일부 또는 전부를 재사용하려면 반드시 저작권자와
(주)푸른책들 양쪽의 서면 동의를 얻어야 합니다.

이 도서의 국립중앙도서관 출판시도서목록(CIP)은 서지정보유통지원시스템 홈페이지(http://seoji.nl.go.kr)와
국가자료공동목록시스템(http://www.nl.go.kr/kolisnet)에서 이용하실 수 있습니다.
(CIP제어번호 : CIP2015009940)

프롬북스는 (주)푸른책들의 유아·아동·청소년 도서 임프린트입니다.

이회영, 전 재산을 바쳐 독립군을 기르다